はじめて学ぶ
憲法教室

第3巻

人間らしく生きるために

菅間正道・著

新日本出版社

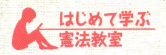

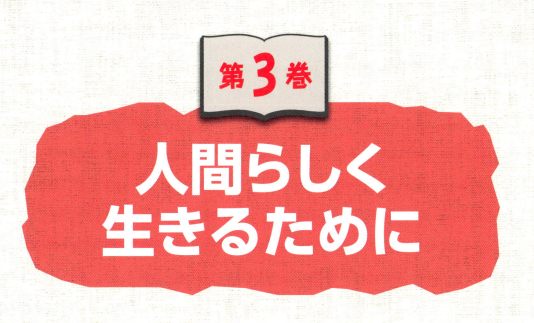

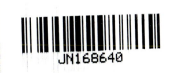

日《に》本《ほん》国《こく》憲《けん》法《ぽう》はおもしろい!
──「他《ひ》人《と》ごと」から「自分ごと」へ

この本を手に取ってくださった人の中には、いろいろな人がいると思います。日本国憲法なんて知らないという人、日本国憲法を習ったことがあるという人、そして、これから学ぶという人もいるでしょう。

憲法は「ことばが難《むずか》しい」「意味がよくわからない」、という人も少なくないかもしれません。

この本は、そんな人にこそ読んでもらいたいと思います。

なぜ、日本国憲法が「おもしろくない」と思われているのでしょう。

ひとことで言えば、それは、日本国憲法が「自分のこと」ではなく、「他《ひ》人《と》ごと」だととらえられているからだと思うのです。自分には関係ないもの、関係のないことなのだと。

しかし、日本国憲法は、あなたの命や自由《じゆう》と、あるいは幸せを求める権《けん》利《り》と、切っても切り離《はな》せないものです。あなたが人間らしく生き、暮《く》らしていくうえで、欠かせないものなのです。

この本では、憲法の基本的《きほんてき》な考え方を４巻にまとめて、具体的にお話ししていこうと思います。

立憲主義《りつけんしゆぎ》について考えよう

第１巻　憲法はだれに向けて書かれているの？

自由権《じゆうけん》について考えよう

第２巻　人の心に国は立ち入れない

社会権《しやかいけん》について考えよう

第３巻　人間らしく生きるために

平和主義《へいわしゆぎ》について考えよう

第４巻　憲法９条《じよう》と沖縄《おきなわ》

私《わたし》は、中学生と高校生に社会科を教えています。授業《じゆぎよう》の中では「問い」と「対話」を大切にしています。

この本は、私がふだんおこなっている授業から生まれたものですから、私のいつものスタイルで、みなさんに「問い」を投げかけます。みなさんも、ところどころ立ち止まって、私と「対話」するような気持ちで読みすすめてほしいと思います。

この本を読んで、憲法について少しでもイメージが変わったり、よし、もうちょっと学んでみようと思ってくれる人がいたら、とてもうれしいです。

目次

編集協力・茂手木千晶

イラスト・どいまき

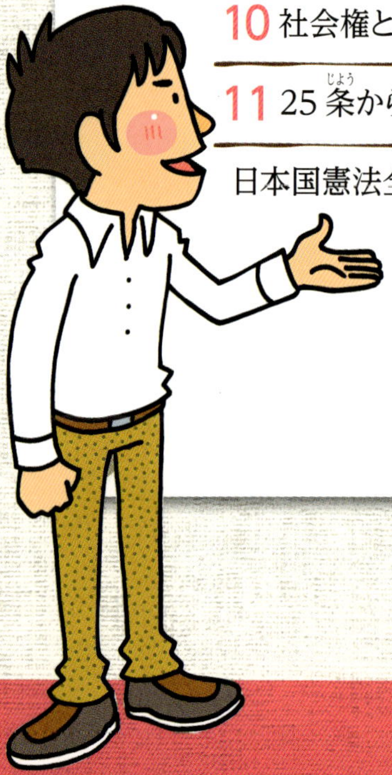

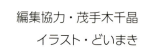

3巻《かん》のねらい

人間らしい暮《く》らしや生活を求める権利

3巻では「社会権」について学びます。

「社会権」とは、「生存権《せいぞんけん》」や「教育を受ける権利」「勤労《きんろう》の権利」「勤労者の団結《だんけつ》権《けん》」などを言います。

20世紀になって、自由主義的《じゆうしゆぎてき》な経済発展《けいざいはつてん》がすすむ中で、世の中には「富《と》める人」と「貧《まず》しい人」が生まれてきました。そうして人は、自由権だけでは人間らしく生きられないことに気づきます。

だれもが人間らしく生きられる権利、だれもが教育を受けられる権利、だれもが働ける権利として、人間らしい暮らしや生活を求める権利のことを「社会権」と呼《よ》ぶようになるのです。

個人《こじん》の自由や自己責任《じこせきにん》とは対極の考え方であり、自由権でこぼれ落ちてしまうものを「社会権」で補《おぎな》い、是正《ぜせい》しようというものです。

社会権という考え方は、20世紀になってから具体的なかたちになったもので、「20世紀的人権《じんけん》」とも呼ばれます。それは自由権と並んで、いえ、もしかしたら自由権以上に、憲法の柱となる大切な原理なのです。

1 「貧困《ひんこん》・格差《かくさ》・不平等」が日本を覆《おお》う

2000年代後半から、「貧困」や「格差」、あるいは「不平等」をめぐる問題が話題にされることが多くなりました。みなさんもテレビや新聞などで、「働きたくても働く場がない」「路上で生活することを余儀《よぎ》なくされている」人たちの状況《じょうきょう》を、見聞きすることがあると思います。

日本の「貧困・格差・不平等」は、しばしば数字でも表わされます。たとえば、厚生《こうせい》労働省がおこなった日本の「相対的貧困率《ひんこんりつ》（どれくらいの人たちが貧困状態《じょうたい》にあるか）」の調査《ちょうさ》によれば、2009年、日本人の16%、およそ2000万人が貧困状態にあるといわれています。仕事がない、あるいは、仕事があっても収入《しゅうにゅう》がとても低いという状態が多くの人に広がっているのが原因《げんいん》です。

なぜ、働いているのに「貧困」といわれるほど収入が低いのでしょうか?

それは、働く人の36.6%、4割《わり》ちかくの人が「非正規雇用《ひせいきこよう》」であるということが大きな理由です。特に若者《わかもの》と女性《じょせい》は、働いている人の約半数が「非正規雇用」です。

「非正規雇用」とは、正社員でなく、パートタイマーやアルバイトなどで働いていることを言います。時間や期間を限定《げんてい》した、不安定な雇用のことです。

ほかにも、日本社会の「貧困・格差・不平等」を示《しめ》す数字は、「年収《ねんしゅう》200万円以下の人が1000万人以上」とか、「生活保護《ほご》世帯が150万世帯を超《こ》える」などとも報告《ほうこく》されています。

しかし……です。それでも「ピンとこない」という人が多いのではないでしょうか?

そこで3巻《かん》では、ある少年の家族の実態《じつたい》をもとに考えていこうと思います。

貧困率の推移《すいい》

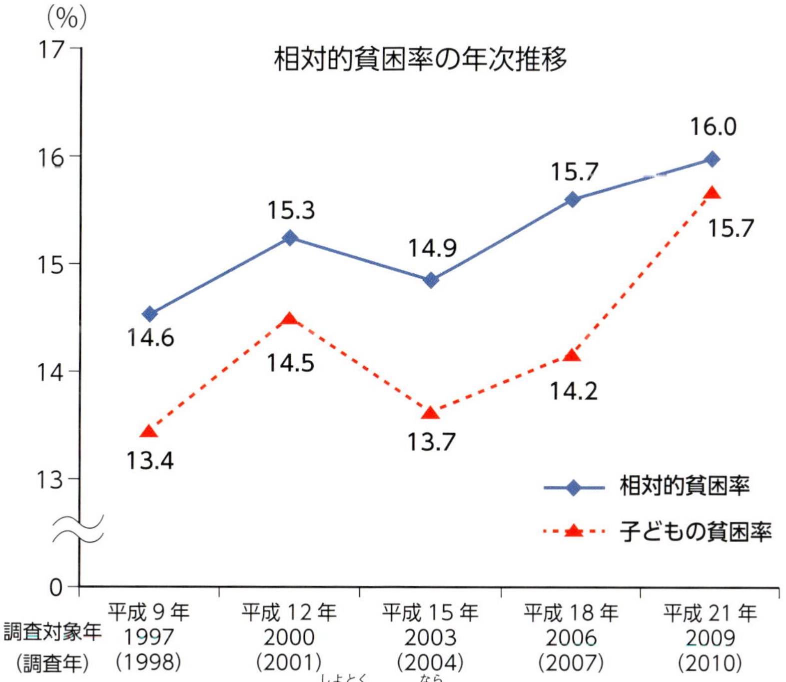

「相対的貧困率」は、国民を所得《しょとく》順に並《なら》べて、真ん中の人の所得のさらに半分以下しか所得がない人がどれくらいいるかという数値《すうち》です。世帯の人数にもよりますが、1人暮《ぐ》らしでは手取り所得が年間 127 万円、2 人世帯で 180 万円、3 人世帯で 224 万円、4 人世帯では 254 万円未満が、「相対的貧困」に当たります。2000 年代半ばから貧困率は年々上昇《じょうしょう》しており、貧困が深刻化《しんこくか》しています。

(資料《しりょう》：厚生労働省、平成 22 年度国民生活基礎《きそ》調査)

2 友だちから助けを求められたら

友人のAくんは中学３年生です。

ある日、あなたの携帯《けいたい》電話に、Aくんから悲痛《ひつう》なメールが入ります。

「もうダメだ、助けてくれ……」

驚《おどろ》いたあなたは、急いでAくんのもとに向かい、理由を聞きます。

Aくんの家は母子家庭です。Aくんと母親のほかに、高校生の兄がいます。Aくんの話をもとに、家庭の状況《じょうきょう》をまとめてみましょう。

母親：パートタイマーで仕事をかけ持ちして働いていたが、過労《かろう》で体調を崩《くず》し、とうとう入院。仕事は非正規雇用《ひせいきこよう》だったため、入院によって辞《や》めざるをえなくなった。

兄：高校の学費が払《はら》えず、中退《ちゅうたい》。なんとか仕事にはついたものの、アルバイトで長時間働かされたうえ、残業代も払ってもらえない。有給休暇《きゅうか》も認《みと》めてもらえない。

Aくん：中学3年生。給食費や修学《しゅうがく》旅行費が払えない。塾《じゅく》にも行けないし、高校進学はあきらめようと思っている。

・母親の医療費《いりょうひ》や入院費は払えるだろうか?

・家賃《やちん》はすでに何カ月も滞納《たいのう》している。

・電気や水道も止められてしまったら、どうやって暮《く》らしていけばいいのだろう?

Aくんのおかれた状況は極《きわ》めて深刻《しんこく》なものでした。

あなたにできることは何でしょう。まずはじっくり話を聞いてあげることですね。そのうえで、どうしたらいいでしょう?

Aくんの直面している問題は、大きく3つあげられます。

①母親の病気と入院による「生活困窮《こんきゆう》」の問題

②Aくん自身の進学、学ぶ権利《けんり》、教育を受ける権利の問題

③Aくんの兄が勤《つと》める職場《しよくば》での、労働をめぐる問題

有給休暇って?

有給休暇とは、職場の休日とは別に、働く人が休息や私用《しよう》のため、取りたいときにとれる休暇のことです。職場の規定《きてい》や勤務《きんむ》時間数、勤続《きんぞく》年数などによって異《こと》なりますが、年間に定められた日数までは、有給で、賃金《ちんぎん》を減《へ》らされることなく、休むことができます。正社員はもちろん、パートやアルバイトにも認められていますが、実際《じっさい》は適用《てきよう》されていない職場も多くあります。

3 最後のセーフティネット=生活保護《ほご》

まず、「生活困窮《こんきゅう》」の問題から考えてみましょう。

Q 友だちが「生活困窮」していたら、どのようなアドバイスをしますか?

私《わたし》の学校の生徒たちからは、次のような意見が出ました。

「お金を貸《か》してあげる」

「市役所に相談にいくことを勧《すす》める」

「サラ金(サラリーマン金融《きんゆう》)に手を出してはダメ! と言う」

どれも不正解ということはありません。でも、だからといって十分というわけでもありません。

「生活困窮」とは、さまざまな事情《じじょう》が重なって、生活が成り立たなくなってしまった状態《じょうたい》を言います。Aくん一家は、いまその状態におちいっています。一刻《いっこく》も早く生活を再建《さいけん》しなければ、生命にも危険《きけん》がおよびます。

そのために、国が国民の生活を支援《しえん》し、生活費を支給《しきゅう》する制度《せいど》があります。

国は、生活に必要な最低限《さいていげん》の金額《きんがく》を定め、「最低生活費」としています。家族の収入《しゅうにゅう》が最低生活費に満たない場合、その差額《さがく》を国が補助《ほじょ》し、支給するのが、「生活保護」です。

最低生活費は、家族の状況《じょうきょう》に応《おう》じた細かい計算式があります。たとえば両親がそろっているのか、あるいは1人親家庭なのか、子どもの年齢《ねんれい》は義務《ぎむ》教育の年齢か、もっとお金がかかる高校生や大学生なのかなど、実情《じつじょう》を出し合ったうえで計算されます。

Aくんの場合、3人家族ですから、1か月の最低生活費はおよそ 25 万円くらいです。

1人暮《ぐ》らしの場合は、月12～13万円くらいの収入があれば、「生活困窮」とは言えないようです。

本人が申し出て認《みと》められた場合、こうした金額《きんがく》に満たない額が、「生活保護費」として支給されます。

生活保護費を受給《じゅきゅう》している世帯と人数

2000年代になって、生活保護を受ける世帯は増《ふ》え続けています。2004年に100万世帯を超《こ》え、2014年2月の調査《ちょうさ》では160万世帯にのぼりました。生活保護費を受給している人数は217万人。いずれも制度がはじまってから、最高の数値《すうち》を更新《こうしん》し続けています。

■生活保護世帯と受給者の推移《すいい》

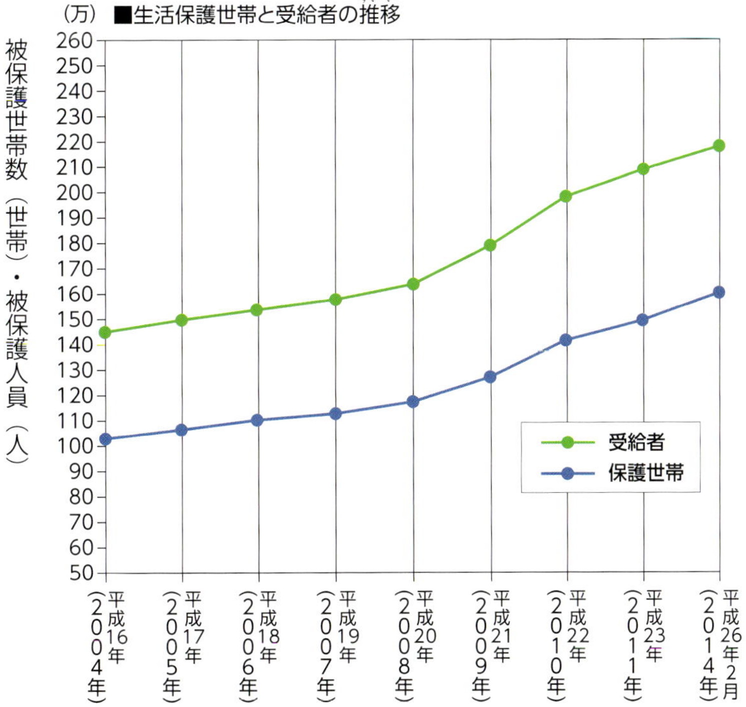

（資料《しりょう》：厚生《こうせい》労働省社会・援護《えんご》局、生活保護被保険者《ひほけんしゃ》調査）

4 なぜ「生活保護《ほご》」が必要か

生活保護は“国からお金が支給《しきゅう》される制度《せいど》”と聞くと、なんとなくうらやましく思ったり、不公平を感じる人がいるかもしれません。

生活保護が受けられるなら、まじめに働いている人がソンをする、ちゃんと働く気がなくなる、というように考える人もいるでしょう。

でも、そこには、生活保護とはなにか、という基本的《きほんてき》な理解《りかい》が欠けています。

生活保護とは、日本国憲法《けんぽう》25条《じょう》に記されている「生存権《せいぞんけん》」を、国が保障《ほしょう》するための制度です。戦前の日本にはなかった制度で、人間らしく生きるための権利《けんり》なのです。

憲法25条にはこう記されています。

第25条【生存権、国の社会的使命】

①すべて国民は、健康で文化的な最低限度《さいていげんど》の生活を営《いとな》む権利を有する。

②国は、すべての生活部面について、社会福祉《ふくし》、社会保障及《およ》び公衆衛生《こうしゅうえいせい》の向上及び増進《ぞうしん》に努めなければならない。

仕事を失ったり病気になるなど、何らかの事情《じじょう》で生活に困《こま》ったとき、国は国の責任《せきにん》としてそれを保障しなければならない、というものです。

「健康で文化的な最低限度の生活」は、だれにでも、どんな人にでも、国が保障すべきことなのです。このことは、生活保護法の1条、2条にも詳《くわ》しく書いてあります。

【生活保護法】

第1条　この法律《ほうりつ》は、日本国憲法25条に規定《きてい》する理念に基《もと》づき、国が生活に困窮《こんきゅう》するすべての国民に対し、その困窮の程度《ていど》に応《おう》じ、必要な保護をおこない、その最低限度の生活を保障するとともに、その自立を助長することを目的とする。

第2条　すべて国民は、この法律の定める要件《ようけん》を満たす限《かぎ》り、この法律による保護を、無差別平等に受けることができる。

生活保護は、まず役場や役所の福祉事務所に行って、自分で「申請《しんせい》」しなければなりません。だれもが「申請」する権利をもっているのです。税金《ぜいきん》は払《はら》わなければ督促状《とくそくじょう》などの催促《さいそく》がきますが、生活保護は自分で申《もう》し込《こ》まないかぎり、受給《じゅきゅう》することはできません。一部の福祉事務所で保護申請の受理《じゅり》を拒否《きょひ》していたことが問題になったことがあります。本来、保護の請求《せいきゅう》は国民の権利です。行政《ぎょうせい》はすみやかに受理しなくてはなりません。

Aくんの家族も、「最低生活費」を計算し、現在《げんざい》の収入《しゅうにゅう》がそれに届《とど》かなければ、生活保護を申請すべきなのです。

ただ、収入が低くても、住んでいる家が持ち家だったり、車や貯金、土地などの資産《しさん》を持っている場合、あるいは援助《えんじょ》してくれる親族《しんぞく》がいるなどを理由に、申請しても受理されないこともあります。実際《じっさい》には、かなり厳《きび》しい生活をしていても、生活保護が受けられないという事態《じたい》も多くあるのです。

5 教育を受ける権利《けんり》

つぎに、Aくん自身の問題を考えてみましょう。

家計が急に悪化してしまったから進学をあきらめるしかない……。これは、日本が教育にとてもお金がかかるという実態《じったい》を示しています。

日本国憲法《けんぽう》 26 条《じょう》では、教育を受ける権利について、こう記しています。

第 26 条【教育を受ける権利、教育の義務《ぎむ》】

①すべて国民は、法律《ほうりつ》の定めるところにより、その能力《のうりょく》に応《おう》じて、ひとしく教育を受ける権利を有する。

②すべて国民は、法律の定めるところにより、その保護《ほご》する子女に普通《ふつう》教育を受けさせる義務を負う。義務教育は、これを無償《むしょう》とする。

憲法では「義務教育は無償」、つまり無料であると定められています。でも、無料なのは授業料《じゅぎょうりょう》や教科書代だけで、実際《じっさい》には、教材費や給食費、修学《しゅうがく》旅行の積立金など、学校に支払《しはら》うお金がいろいろあります。さらに、文房具《ぶんぼうぐ》やかばん、体操服《たいそうふく》、部活動の費用、学校によっては制服《せいふく》や通学の交通費など、義務教育を受けるのにも、かなりのお金が必要になります。

そこで国は、経済的《けいざいてき》な理由で教育を受けるのが厳《きび》しい家庭に、「就学援助《しゅうがくえんじょ》」の制度《せいど》を設《もう》けています。

【学校教育法】

第 19 条　経済的理由によって、就学困難《こんなん》と認《みと》められる学齢《がくれい》児童又《また》は学齢生徒の保護《ほご》者《しゃ》に対しては、市町村は、必要な援助を与《あた》えなければならない。

「就学援助」は、生活保護世帯と生活が困窮《こんきゅう》している世帯に対し、各自治体から教育のための費用を援助するというものです。また、生活保護世帯の子どもたちを対象にした無料の学習塾《がくしゅうじゅく》なども、全国的に少しずつ広がっています。

家計の収入《しゅうにゅう》が激減《げきげん》してしまったとはいえ、もし、Aくんが高校で学びたいなら、さまざまな人や手立てに頼《たよ》りながら、高校進学の道をさぐることも大切です。

高校の授業料は、2010 年から公立高校は無償、私《し》立高校は公立の授業料分が「就学支援金《しえんきん》」というかたちで支給《しきゅう》されることになりました。しかし、2014 年 4 月以降《いこう》制度が改められ、家庭の所得が一定額《いつていがく》以下の場合に限って支給されています。所得が低い世帯にはあらたに「給付制奨学金《きゅうふせいしょうがくきん》」制度が導入《どうにゅう》されました。

生活保護世帯の場合は、公立でも私立《しりつ》でも、授業料免除《めんじょ》の高校もたくさんあります。「もう高校は行かない、行けない」と決めてしまう前に、いろいろな機関や人に相談するべきなのです。

教育費っていくらかかるの?

あなたが幼稚園《ようちえん》から高校まで進学した場合、いったいどのくらいの費用がかかるでしょう。下の表では平均的《へいきんてき》な金額《きんがく》を示しましたが、部活動やスポーツの遠征費《えんせいひ》、習いごとの費用、留学《りゅうがく》など、人によってはさらにお金がかかる場合もあります。

	幼稚園《ようちえん》	小学校	中学校	高校	計
ケース 1 すべて公立に通った場合	66万	183万	135万	116万	500万
ケース 2 高校のみ私立《しりつ》に通った場合	66万	183万	135万	289万	673万
ケース 3 小学校以外は私立に通った場合	146万	183万	389万	289万	1007万
ケース 4 すべて私立に通った場合	146万	854万	389万	289万	1677万

(資料《しりょう》:文部科学省「平成 24 年度子供《こども》の学習費調査《ちょうさ》」、平成 25 年度学生納付金《のうふきん》調査)

6 働くものの権利《けんり》

さて、最後に、Aくんのお兄さんの状況《じようきよう》について、考えてみましょう。

最近は、多くの高校生や大学生がアルバイトをしています。Aくんのお兄さんの場合は残業代が支払《しはら》われないということですが、ほかにも長時間働かされる、有給休暇《きゆうか》が取れない、社会保険《ほけん》に入れないなど、さまざまな問題が報告《ほうこく》されています。これらがあまりにひどい会社は「ブラック企業《きぎよう》」、また、ひどいアルバイトは「ブラックバイト」と呼ばれています。

もし、みなさんが働きはじめて、こんな状況に直面したらどうしますか?　先ほどと同じように、生徒たちに問いかけると、彼《かれ》らはこんなふうに答えます。

「社長に文句《もんく》を言うべき」

「辞《や》めて、他のところを探《さが》した方がいい」

「ネットに書《か》き込《こ》んで、会社を批判《ひはん》する」

これも、どれが正しくてどれが間違《まちが》い、というものではありません。けれど、そもそも働く人にはどんな権利があるのか、働く人の生活と権利を守るルール（ワークルール）にはどんなものがあるのか、知っておくことが大切です。

アルバイトであろうとパートタイマーであろうと、働く人はすべて労働者です。そして、その労働者について、日本国憲法《けんぽう》 28 条《じよう》にはこういう権利があると書かれています。

第 28 条【勤労者《きんろうしや》の団結権《だんけつけん》】
勤労者の団結《だんけつ》する権利及《およ》び団体交渉《だんたいこうしよう》その他の団体行動をする権利は、これを保障《ほしよう》する。

この「団結する権利」「団体交渉の権利」「団体行動する権利」を「労働 3 権」といいます。

団結する権利は「団結権」と言い、労働者が、自分たちの生活と権利を守るために労働組合をつくったり、それに加盟《かめい》したりすることは基本的《きほんてき》な権利である、ということです。そして、労働組合が経営者《けいえいしや》と団体交渉し、ときには団体行動（ストライキなど）をすることも権利としてみとめられている、ということなのです。

この日本国憲法にもとづいて、働く人たちに「これ以下の労働条件《じょうけん》で働かせてはいけない」という法律《ほうりつ》もあります。それを「労働基準法《きじゅんほう》」と言います。先ほどの長時間労働や残業代未払《みはら》いというのは、この労働基準法に違反《いはん》します。

そこで、Aくんにどのようなアドバイスができるのか、ということです。

いくつかありますが、まずは、労働基準監督署《かんとくしょ》（労基署《ろうきしょ》）に相談することです。働く現場《げんば》で、きちんとルールが守られているかどうか、それを監視《かんし》するのが、労働基準監督官の仕事です。

また、労働問題の専門家《せんもんか》の弁護士《べんごし》に相談するのもいいでしょう。あるいは、その地域《ちいき》の信頼《しんらい》できる労働組合に相談しても、何か方策《ほうさく》が見つかると思います。

労働組合は、労働者の権利を守る組織《そしき》・団体です。近年はひとりでも、どんな仕事でも加入できる労働組合が結成されており、とりわけ大変な状況にある若者《わかもの》を中心に組織されています。

労働者には人間らしく働く権利があり、それが侵《おか》されたときには、奪《うば》い返《かえ》す権利もみとめられています。権利を行使して要求するのか、泣《な》き寝《ね》入《い》りしてしまうのかは本人の決断《けつだん》ですが、少なくとも、そういう権利やたたかい方《かた》があることを知っておくのは大切です。

7 「助けて!」と言わせない社会

ここまで、Aくんの直面している「貧困状態《ひんこんじょうたい》」に、友だちであるあなたはどう対応《たいおう》したらいいのかを考えてきました。

Aくんの場合は、Aくんがあなたに「助けて!」と言ってきました。しかし実際《じっさい》には、「助けて!」が言えなかったり、言わなかったりする場合が多いのです。あるいは周囲の状況《じょうきょう》が“言わせない”のかもしれません。

それはなぜなのでしょう?

ひとつは、「自分の生活が大変なのは自分のせい」という、いわゆる「自己責任論《じこせきにんろん》」が広く浸透《しんとう》していることがあげられます。特に、大変な状況におかれている当事者ほど、そういう気持ちになりがちだと言われています。そして、その裏返《うらがえ》しとして、「自分は生活保護《ほご》をもらうほど落ちぶれていない」「生活保護を受けるようになったらおしまいだ」という意識《いしき》も強く働いているように思われます。

だれもが人間らしく生きる権利《けんり》をもっているという「生存権《せいぞんけん》」が、まだしっかりと根付いていないのです。

一方で、「助けて!」と言わせない社会のありようも見逃《みのが》せません。

自己責任論におおわれている社会では、「大変なのはあなた自身のせい」ということでかたづけられてしまいます。生活が苦しいのは本人のせい、ということです。

大変な状況で傷《きず》つき、声をあげてまた傷つく。どうせそうなるのなら、「助けて!」などと言わない方がまし、と思う人もたくさんいるはずです。

そういう意識や世論《よろん》は、生活保護の申請《しんせい》に来た人たちを窓口《まどぐち》で追い返そうとする、「水《みず》際《ぎわ》作戦」という役所の対応を下支《したざさ》えしています。思い切って生活保護の申請に行っても、役所の窓口で理由や今の気持ちをしつこく聞かれたりして、思いとどまってしまう、という人も少なくありません。

しかし、生活保護を申請したり、申請すべき人たちは、ちゃんと働いていないのでしょうか?

Aくんの母親はシングルマザーで母子世帯です。シングルマザーの貧困率《ひんこんりつ》は50.8%。2件《けん》に1件は貧困世帯で、その平均年収《へいきんねんしゅう》は181万円という調査《ちょうさ》結果もあります。

多くの母子家庭のお母さんたちは、それぞれの事情《じじょう》を抱《かか》えながら、場合によっては2つも3つも仕事をかけ持ちして働いています。それでも1か月の収入《しゅうにゅう》は十数万円。貧困状態にありながら生活保護も受けられない、という現実《げんじつ》があるのです。

ひとり親家庭の実態《じったい》

2011（平成23）年の調査では、母子《ぼし》世帯は123.8万世帯、父子《ふし》世帯は22.3万世帯でした。

	母子世帯	父子世帯
世帯数〔推計値《すいけいち》〕	123.8万世帯	22.3万世帯
就業《しゅうぎょう》状況	80.6%	91.3%
うち正規《せいき》の職員《しょくいん》・従業員《じゅうぎょういん》	39.4%	67.2%
うちパート・アルバイトの割《わり》合	47.4%	8.0%
年間の平均就労収入《へいきんしゅうろうしゅうにゅう》	181万円	360万円

（資料《しりょう》：厚生《こうせい》労働省、平成23年度全国母子世帯等調査《ちょうさ》）

8 子どもの貧困《ひんこん》

Aくんのお兄さんが高校をやめざるを得なかったこと、Aくん自身が、進学をあきらめなければならないような状況《じょうきょう》は、本人たちに責任《せきにん》があるのでしょうか?

日本社会の「貧困・格差《かくさ》・不平等」が深刻《しんこく》なのは、家庭の貧困がそのまま子どもたちに「貧困」をもたらし、子どもの健康な生活や、教育を受ける権利《けんり》を脅《おびや》かしているからです。このことを「子どもの貧困」と言います。

では「子どもの貧困」は、どういう状況をもたらしているのでしょう?

さまざまな調査《ちょうさ》や研究から、次のようなことがわかってきました。

ひとつは、貧困家庭に育った子どもとそうでない家庭に育った子どもに、「学力」の違《ちが》いが生じるということです。ここで言う「学力」とは成績《せいせき》だけでなく、学ぼうとする力や、学んだのちに応用《おうよう》する力のことを指します。

2つめは「健康」です。貧困家庭の子どもたちに、健康保険証《ほけんしょう》を持たない子どもが増《ふ》えています。健康保険証は、国が無償《むしょう》で配布《はいふ》してくれるものではありません。親や保護者《ほごしゃ》が、健康保険料《ほけんりょう》をおさめているから配布されるのです。生活が苦しくて健康保険料をおさめられない家庭の子どもたちは、健康保険証がないため、体調が悪くても病院に行くこともできません。

さらには、児童虐待《ぎゃくたい》との関係です。児童虐待の多くのケースが、貧困家庭と重なっているという調査もあります。

しかし、これらは子どものせいではありません。また、「子どもの貧困」を、その家庭のせいにするのも間違《まちが》いです。

ここで、世界的な視野《しや》から「子どもの貧困」を見てみましょう。

日本の子どもの貧困は、世界的に見ても深刻です。

ユニセフ(国際連合《こくさいれんごう》児童基金)がまとめた「世界子供《こども》白書 2012」によると、日本の子どもの貧困率《ひんこんりつ》は14.9%。日本の子どもの、およそ 305 万人が貧困状態《じょうたい》にあるとされています。これは世界の先進国 35 か国のうち、9番目の高さです。

国際連合では1989年、世界中の子どもたちの権利を守るため「子どもの権利条約《じょうやく》」を定めました。日本も1994年に批准《ひじゅん》しています。この条約は、子どもも人権を持つことを確認《かくにん》し、「すべての子どもが平等」であり、「生命・生存《せいぞん》・発達を保障《ほしょう》されなければならない」としています。また、「意見を表明する権利」を持ち、「休息し遊ぶ権利」がある、と定めています。国家はこうした「子どもの権利」を守る義務《ぎむ》があり、つねに子どもの最《さい》善《ぜん》の利益《りえき》を考えなければなりません。

教育は「人生前半の社会保障」とも言われます。憲法《けんぽう》から見ても、「子どもの権利条約」から見ても、「子どもの貧困」は待ったなしの重要課題です。

子どもの相対的貧困率〔先進35か国〕

(出典：ユニセフ報告《ほうこく》書「ReportCard10」2012年発行)

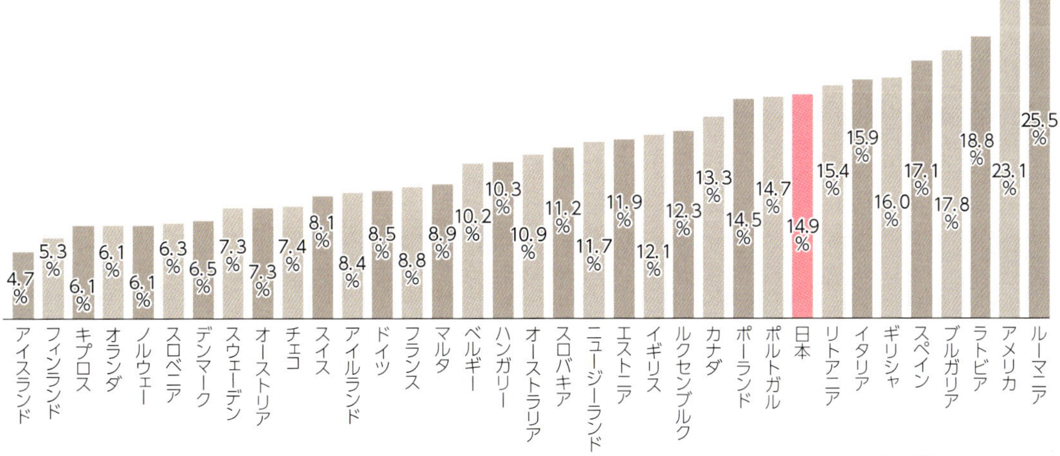

9 社会権《しやかいけん》というもの(1)

これまで、Aくんの実情《じつじよう》とてらしながら、日本国憲法《けんぽう》25条《じよう》から28条までをみてきました。これらは「生存権《せいぞんけん》」や「教育を受ける権利《けんり》」「勤労《きんろう》の権利」「勤労者《きんろうしや》の団結権《だんけつけん》」などで、まとめて「社会権」と呼ばれています。

社会権というは考え方は、20世紀になってから具体的なかたちになったもので、「20世紀的人権《じんけん》」とも呼ばれます。

では、社会権とは、いったいどういうものでしょうか?

「社会権」は、「自由権《じゆうけん》」と対比《たいひ》するとわかりやすいかもしれません。

憲法のルーツは、1215年のイギリスのマグナカルタ(大憲章《だいけんしよう》)にあると、1巻《かん》で学びました。それから少しずつ国民や市民の権利が拡大《かくだい》し、みとめられてきたのが「自由権」です。

私《わたし》の生命・身体は私自身のものであり、国家がこれを侵害《しんがい》してはならない、という権利が「人身・身体の白由」でした。この「人身・身体の自由」が一例ですが、「人は生まれながらに自由で平等な、侵《おか》されることのない権利」を「人権」、あるいは「基本的《きほんてき》人権」と言います。

その人権の中で、一番最初に求められたのは「自由権」でした。国家や権力《けんりよく》に対して、「自由にさせてほしい」「国家や権力は人の気持ちや行動にあれこれ言わないでほしい」ということを願い、そのために人々は立ち上がり、たたかいました。

人々がどこに住み、何を考え、どう生活をし、何を幸せとするのか。こういった一人ひとりの営《いとな》みに、国家や権力は立ち入らないでほしい。それらは各人の「自由」と「責任《せきにん》」に任《まか》せてほしい、と。

その“立《た》ち入《い》り禁止《きんし》”の規定《きてい》やルールをつづったものが「自由権」でした。

「自由権を獲得《かくとく》したい!」という思いは、近代の市民革命《かくめい》の大きな原動力となりました。「私の生命・身体は私が自由に扱《あつか》ってよい」「私が私の身体と能力《のうりよく》をつかって何かをつくり、販《はん》売《ばい》してもよい」「このようにして得た財産《ざいさん》は私のもの」……。

こうして「財産権《ざいさんけん》」を含《ふく》んだ自由権は、19 世紀のイギリスに代表される資本主義経済《しほんしゆぎけいざい》の確立《かくりつ》や発展《はってん》にともなって、「自由主義」と呼ばれる社会の支配的《しはいてき》な考え方にもなっていったのです。

10 社会権《しゃかいけん》というもの（2）

「自由権《じゆうけん》」「自由主義《しゅぎ》」という考え方は、個人《こじん》にとどまらず、会社や企業《きぎょう》の活動にも大きな影響《えいきょう》を与《あた》えました。

自由につくりたい商品をつくり、自由に売って、自由に収入《しゅうにゅう》を得て、自由に財産《ざいさん》をふやす。そうした「自由な」経済《けいざい》活動を保障《ほしょう》されたことにより、資本《しほん》主義経済は大きく発展《はってん》していきます。そして、「儲《もう》けの自由」「自由競争」を最優先《さいゆうせん》にした会社や企業は、「自由に」労働者を長時間働かせ、環境《かんきょう》を破壊《はかい》し、労働者をクビにしました。

もうおわかりでしょう。

クビにされた労働者は失業者となり、「生活困窮《こんきゅう》」におちいりました。

それまでの、王様、貴族《きぞく》、平民といった身分社会とは違《ちが》った、「富《と》める人」と「貧《まず》しい人」が生まれ、その間に深刻《しんこく》な「貧困《ひんこん》・格差《かくさ》・不平等」が生じていきました。

こうして人々は、自由権だけでは人間らしく生きることはできない、ということに気づきます。

やむにやまれぬ状態《じょうたい》の中で労働者が力を合わせ、労働組合をつくって、ときにはストライキも行いました。会社に対して、人間らしく生きて働くための賃金《ちんぎん》や、労働条件《じょうけん》の改善《かいぜん》を求めました。

やがてこのような考え方は、「だれもが人間らしく生きられる権利《けんり》」「だれもが教育を受けられる権利」「だれもが働ける権利」として、あらたな「権利」としてまとまっていきます。

このように、国家に対して、人間らしい暮《く》らしや生活を求める権利のことを「社会権」と呼ぶようになるのです。

個人の自由や自己責任《じこせきにん》とは対極の考え方であり、「自由権」でこぼれおちてしまうものを「社会権」で補《おぎな》い、是正《ぜせい》しようとしたのです。

この「社会権」を世界ではじめて保障したのは、ドイツのワイマール憲法《けんぽう》(1919 年)です。

そこには、次のような条文《じょうぶん》があります。

> 経済生活の秩序《ちつじょ》は、すべての者に人間たるに値《あたい》する生活を保障する目的をもつ正義《せいぎ》の原則《げんそく》に適合《てきごう》しなければならない。この限界《げんかい》内で、個人の経済的《けいざいてき》自由は確保《かくほ》されなければならない(151 条)

このワイマール憲法の考え方は、その後、世界のさまざまな憲法に受《う》け継《つ》がれ、取り入れられるようになります。

いうまでもなく、そのひとつが、日本国憲法です。

11 25条《じょう》から28条までを並《なら》べてみると

さて、今までお話ししてきた状況《じょうきょう》と歴史をふまえて、改めて、日本国憲法《けんぽう》の 25 条から 28 条までの並びかたを見てみましょう。

第 25 条【生存権《せいぞんけん》、国の社会的使命】
第 26 条【教育を受ける権利《けんり》、教育の義務《ぎむ》】
第 27 条【勤労《きんろう》の権利及《およ》び義務、勤労条件《じょうけん》の基準《きじゅん》、児童酷使《こくし》の禁止《きんし》】
第 28 条【勤労者《きんろうしゃ》の団結権《だんけつけん》】

この条文《じょうぶん》の並びを見て、なにか気がつきませんか?

25 条から 28 条までは、生存、教育、労働など、ひとが人間らしく生き、学び、成長し、そして労働者になっていくうえで、必要な権利の順に書かれています。

1 巻《かん》では、憲法とは「政府《せいふ》と国家権力《けんりょく》に対する命令書」だと言いました。

この巻の 1 章でも書いたように、近年、日本でも「貧困《ひんこん》・格差《かくさ》・不平等」が社会問題化しています。それらに対して「異議《いぎ》あり」の声をあげ「貧困・格差・不平等」をなくそうという運動をしている団体《だんたい》がたくさんあります。

その中の一つ、「反貧困ネットワーク」で活動している作家の雨宮処凛《あまみやかりん》さんは、生活困《こん》窮《きゅう》や、さまざまな理由で生きにくい状態《じょうたい》にある人たちの味方になって、「生きさせろ!」と声をあげています。雨宮さんの言葉を借りて言えば、この 25 条から 28 条までは、まさに「生きさせろ」「学ばせろ」「働かせろ」という、人々の叫《さけ》びの声だということができます。

つまり日本国憲法とは、私《わたし》たちが政府に対して「生きさせろ」「学ばせろ」「働かせろ」と発する宣言書《せんげんしょ》=マニフェストでもあるのです。

これらがきちんと保障《ほしよう》されることが、憲法 13 条に書かれている「個人《こじん》の尊重《そんちよう》」の原理を具体化することにほかなりません。

第 13 条【個人の尊重、幸福追求権《ついきゆうけん》、公共の福祉《ふくし》】
すべて国民は、個人として尊重される。生命、自由及び幸福追求に対する国民の権利については、公共の福祉に反しない限《かぎ》り、立法その他の国政《こくせい》の上で、最大の尊重を必要とする。

くり返しますが、社会権《しやかいけん》とは、20 世紀に入って積み上げられてきた権利です。それは「自由権《じゆうけん》」と並《なら》んで、いえ、もしかしたら「自由権」以上に、憲法の柱となる大切な原理なのです。

まず「人間らしく生きる」ことが保障されなければ、「自由」も何もないのですから。

③前項の場合において、投票者の多数が裁判官の罷免を可とするときは、その裁判官は、罷免される。

④審査に関する事項は、法律でこれを定める。

⑤最高裁判所の裁判官は、法律の定める年齢に達した時に退官する。

⑥最高裁判所の裁判官は、すべて定期に相当額の報酬を受ける。この報酬は、在任中、これを減額することができない。

第八十条 ①下級裁判所の裁判官は、最高裁判所の指名した者の名簿によつて、内閣でこれを任命する。その裁判官は、任期を十年とし、再任されることができる。但し、法律の定める年齢に達した時には退官する。

②下級裁判所の裁判官は、すべて定期に相当額の報酬を受ける。この報酬は、在任中、これを減額することができない。

第八十一条 最高裁判所は、一切の法律、命令、規則又は処分が憲法に適合するかしないかを決定する権限を有する終審裁判所である。

第八十二条 ①裁判の対審及び判決は、公開法廷でこれを行ふ。

②裁判所が、裁判官の全員一致で、公の秩序又は善良の風俗を害する虞があると決した場合には、対審は、公開しないでこれを行ふことができる。但し、政治犯罪、出版に関する犯罪又はこの憲法第三章で保障する国民の権利が問題となつてゐる事件の対審は、常にこれを公開しなければならない。

第七章　財政

第八十三条 国の財政を処理する権限は、国会の議決に基いて、これを行使しなければならない。

第八十四条 あらたに租税を課し、又は現行の租税を変更するには、法律又は法律の定める条件によることを必要とする。

第八十五条 国費を支出し、又は国が債務を負担するには、国会の議決に基くことを必要とする。

第八十六条 内閣は、毎会計年度の予算を作成し、国会に提出して、その審議を受け議決を経なければならない。

第八十七条 ①予見し難い予算の不足に充てるため、国会の議決に基いて予備費を設け、内閣の責任でこれを支出することができる。

②すべて予備費の支出については、内閣は、事後に国会の承諾を得なければならない。

第八十八条 すべて皇室財産は、国に属する。すべて皇室の費用は、予算に計上して国会の議決を経なければならない。

第八十九条 公金その他の公の財産は、宗教上の組織若しくは団体の使用、便益若しくは維持のため、又は公の支配に属しない慈善、教育若しくは博愛の事業に対し、これを支出し、又はその利用に供してはならない。

第九十条 ①国の収入支出の決算は、すべて毎年会計検査院がこれを検査し、内閣は、次の年度に、その検査報告とともに、これを国会に提出しなければならない。

②会計検査院の組織及び権限は、法律でこれを定める。

第九十一条 内閣は、国会及び国民に対し、定期に、少くとも毎年一回、国の財政状況について報告しなければならない。

第八章　地方自治

第九十二条 地方公共団体の組織及び運営に関する事項は、地方自治の本旨に基いて、法律でこれを定める。

第九十三条 ①地方公共団体には、法律の定めるところにより、その議事機関として議会を設置する。

②地方公共団体の長、その議会の議員及び法律の定めるその他の吏員は、その地方公共団体の住民が、直接これを選挙する。

第九十四条 地方公共団体は、その財産を管理し、事務を処理し、及び行政を執行する権能を有し、法律の範囲内で条例を制定することができる。

第九十五条 一の地方公共団体のみに適用される特別法は、法律の定めるところにより、その地方公共団体の住民の投票においてその過半数の同意を得なければ、国会は、これを制定することができない。

第九章　改正

第九十六条 ①この憲法の改正は、各議院の総議員の三分の二以上の賛成で、国会が、これを発議し、国民に提案してその承認を経なければならない。この承認には、特別の国民投票又は国会の定める選挙の際行はれる投票において、その過半数の賛成を必要とする。

②憲法改正について前項の承認を経たときは、天皇は、国民の名で、この憲法と一体を成すものとして、直ちにこれを公布する。

第十章　最高法規

第九十七条 この憲法が日本国民に保障する基本的人権は、人類の多年にわたる自由獲得の努力の成果であつて、これらの権利は、過去幾多の試錬に堪へ、現在及び将来の国民に対し、侵すことのできない永久の権利として信託されたものである。

第九十八条 ①この憲法は、国の最高法規であつて、その条規に反する法律、命令、詔勅及び国務に関するその他の行為の全部又は一部は、その効力を有しない。

②日本国が締結した条約及び確立された国際法規は、これを誠実に遵守することを必要とする。

第九十九条 天皇又は摂政及び国務大臣、国会議員、裁判官その他の公務員は、この憲法を尊重し擁護する義務を負ふ。

第十一章　補則

第百条 ①この憲法は、公布の日から起算して六箇月を経過した日から、これを施行する。

②この憲法を施行するために必要な法律の制定、参議院議員の選挙及び国会召集の手続並びにこの憲法を施行するために必要な準備手続は、前項の期日よりも前に、これを行ふことができる。

第百一条 この憲法施行の際、参議院がまだ成立してゐないときは、その成立するまでの間、衆議院は、国会としての権限を行ふ。

第百二条 この憲法による第一期の参議院議員のうち、その半数の者の任期は、これを三年とする。その議員は、法律の定めるところにより、これを定める。

第百三条 この憲法施行の際現に在職する国務大臣、衆議院議員及び裁判官並びにその他の公務員で、その地位に相応する地位がこの憲法で認められてゐる者は、法律で特別の定をした場合を除いては、この憲法施行のため、当然にはその地位を失ふことはない。但し、この憲法によつて、後任者が選挙又は任命されたときは、当然その地位を失ふ。

ところによる。
第五十七条 ① 両議院の会議は、公開とする。但し、出席議員の三分の二以上の多数で議決したときは、秘密会を開くことができる。
② 両議院は、各々その会議の記録を保存し、秘密会の記録の中で特に秘密を要すると認められるもの以外は、これを公表し、且つ一般に頒布しなければならない。
③ 出席議員の五分の一以上の要求があれば、各議員の表決は、これを会議録に記載しなければならない。
第五十八条 ① 両議院は、各々その議長その他の役員を選任する。
② 両議院は、各々その会議その他の手続及び内部の規律に関する規則を定め、又、院内の秩序をみだした議員を懲罰することができる。但し、議員を除名するには、出席議員の三分の二以上の多数による議決を必要とする。
第五十九条 ① 法律案は、この憲法に特別の定のある場合を除いては、両議院で可決したとき法律となる。
② 衆議院で可決し、参議院でこれと異なつた議決をした法律案は、衆議院で出席議員の三分の二以上の多数で再び可決したときは、法律となる。
③ 前項の規定は、法律の定めるところにより、衆議院が、両議院の協議会を開くことを求めることを妨げない。
④ 参議院が、衆議院の可決した法律案を受け取つた後、国会休会中の期間を除いて六十日以内に、議決しないときは、衆議院は、参議院がその法律案を否決したものとみなすことができる。
第六十条 ① 予算は、さきに衆議院に提出しなければならない。
② 予算について、参議院で衆議院と異なつた議決をした場合に、法律の定めるところにより、両議院の協議会を開いても意見が一致しないとき、又は参議院が、衆議院の可決した予算を受け取つた後、国会休会中の期間を除いて三十日以内に、議決しないときは、衆議院の議決を国会の議決とする。
第六十一条 条約の締結に必要な国会の承認については、前条第二項の規定を準用する。
第六十二条 両議院は、各々国政に関する調査を行ひ、これに関して、証人の出頭及び証言並びに記録の提出を要求することができる。
第六十三条 内閣総理大臣その他の国務大臣は、両議院の一に議席を有すると有しないとにかかはらず、何時でも議案について発言するため議院に出席することができる。又、答弁又は説明のため出席を求められたときは、出席しなければならない。
第六十四条 ① 国会は、罷免の訴追を受けた裁判官を裁判するため、両議院の議員で組織する弾劾裁判所を設ける。
② 弾劾に関する事項は、法律でこれを定める。

第五章　内閣

第六十五条 行政権は、内閣に属する。
第六十六条 ① 内閣は、法律の定めるところにより、その首長たる内閣総理大臣及びその他の国務大臣でこれを組織する。
② 内閣総理大臣その他の国務大臣は、文民でなければならない。
③ 内閣は、行政権の行使について、国会に対し連帯して責任を負ふ。
第六十七条 ① 内閣総理大臣は、国会議員の中から国会の議決で、これを指名する。この指名は、他のすべての案件に先だつて、これを行ふ。
② 衆議院と参議院とが異なつた指名の議決をした場合に、法律の定めるところにより、両議院の協議会を開いても意見が一致しないとき、又は衆議院が指名の議決をした後、国会休会中の期間を除いて十日以内に、参議院が、指名の議決をしないときは、衆議院の議決を国会の議決とする。
第六十八条 ① 内閣総理大臣は、国務大臣を任命する。但し、その過半数は、国会議員の中から選ばれなければならない。
② 内閣総理大臣は、任意に国務大臣を罷免することができる。
第六十九条 内閣は、衆議院で不信任の決議案を可決し、又は信任の決議案を否決したときは、十日以内に衆議院が解散されない限り、総辞職をしなければならない。
第七十条 内閣総理大臣が欠けたとき、又は衆議院議員総選挙の後に初めて国会の召集があつたときは、内閣は、総辞職をしなければならない。
第七十一条 前二条の場合には、内閣は、あらたに内閣総理大臣が任命されるまで引き続きその職務を行ふ。
第七十二条 内閣総理大臣は、内閣を代表して議案を国会に提出し、一般国務及び外交関係について国会に報告し、並びに行政各部を指揮監督する。
第七十三条 内閣は、他の一般行政事務の外、左の事務を行ふ。
一　法律を誠実に執行し、国務を総理すること。
二　外交関係を処理すること。
三　条約を締結すること。但し、事前に、時宜によつては事後に、国会の承認を経ることを必要とする。
四　法律の定める基準に従ひ、官吏に関する事務を掌理すること。
五　予算を作成して国会に提出すること。
六　この憲法及び法律の規定を実施するために、政令を制定すること。但し、政令には、特にその法律の委任がある場合を除いては、罰則を設けることができない。
七　大赦、特赦、減刑、刑の執行の免除及び復権を決定すること。
第七十四条 法律及び政令には、すべて主任の国務大臣が署名し、内閣総理大臣が連署することを必要とする。
第七十五条 国務大臣は、その在任中、内閣総理大臣の同意がなければ、訴追されない。但し、これがため、訴追の権利は、害されない。

第六章　司法

第七十六条 ① すべて司法権は、最高裁判所及び法律の定めるところにより設置する下級裁判所に属する。
② 特別裁判所は、これを設置することができない。行政機関は、終審として裁判を行ふことができない。
③ すべて裁判官は、その良心に従ひ独立してその職権を行ひ、この憲法及び法律にのみ拘束される。
第七十七条 ① 最高裁判所は、訴訟に関する手続、弁護士、裁判所の内部規律及び司法事務処理に関する事項について、規則を定める権限を有する。
② 検察官は、最高裁判所の定める規則に従はなければならない。
③ 最高裁判所は、下級裁判所に関する規則を定める権限を、下級裁判所に委任することができる。
第七十八条 裁判官は、裁判により、心身の故障のために職務を執ることができないと決定された場合を除いては、公の弾劾によらなければ罷免されない。裁判官の懲戒処分は、行政機関がこれを行ふことはできない。
第七十九条 ① 最高裁判所は、その長たる裁判官及び法律の定める員数のその他の裁判官でこれを構成し、その長たる裁判官以外の裁判官は、内閣でこれを任命する。
② 最高裁判所の裁判官の任命は、その任命後初めて行はれる衆議院議員総選挙の際国民の審査に付し、その後十年を経過した後初めて行はれる衆議院議員総選挙の際更に審査に付し、その後も同様とする。

する。

②何人も、外国に移住し、又は国籍を離脱する自由を侵されない。

第二十三条　学問の自由は、これを保障する。

第二十四条　①婚姻は、両性の合意のみに基いて成立し、夫婦が同等の権利を有することを基本として、相互の協力により、維持されなければならない。

②配偶者の選択、財産権、相続、住居の選定、離婚並びに婚姻及び家族に関するその他の事項に関しては、法律は、個人の尊厳と両性の本質的平等に立脚して、制定されなければならない。

第二十五条　①すべて国民は、健康で文化的な最低限度の生活を営む権利を有する。

②国は、すべての生活部面について、社会福祉、社会保障及び公衆衛生の向上及び増進に努めなければならない。

第二十六条　①すべて国民は、法律の定めるところにより、その能力に応じて、ひとしく教育を受ける権利を有する。

②すべて国民は、法律の定めるところにより、その保護する子女に普通教育を受けさせる義務を負ふ。義務教育は、これを無償とする。

第二十七条　①すべて国民は、勤労の権利を有し、義務を負ふ。

②賃金、就業時間、休息その他の勤労条件に関する基準は、法律でこれを定める。

③児童は、これを酷使してはならない。

第二十八条　勤労者の団結する権利及び団体交渉その他の団体行動をする権利は、これを保障する。

第二十九条　①財産権は、これを侵してはならない。

②財産権の内容は、公共の福祉に適合するやうに、法律でこれを定める。

③私有財産は、正当な補償の下に、これを公共のために用ひることができる。

第三十条　国民は、法律の定めるところにより、納税の義務を負ふ。

第三十一条　何人も、法律の定める手続によらなければ、その生命若しくは自由を奪はれ、又はその他の刑罰を科せられない。

第三十二条　何人も、裁判所において裁判を受ける権利を奪はれない。

第三十三条　何人も、現行犯として逮捕される場合を除いては、権限を有する司法官憲が発し、且つ理由となつてゐる犯罪を明示する令状によらなければ、逮捕されない。

第三十四条　何人も、理由を直ちに告げられ、且つ、直ちに弁護人に依頼する権利を与へられなければ、抑留又は拘禁されない。又、何人も、正当な理由がなければ、拘禁されず、要求があれば、その理由は、直ちに本人及びその弁護人の出席する公開の法廷で示されなければならない。

第三十五条　①何人も、その住居、書類及び所持品について、侵入、捜索及び押収を受けることのない権利は、第三十三条の場合を除いては、正当な理由に基いて発せられ、且つ捜索する場所及び押収する物を明示する令状がなければ、侵されない。

②捜索又は押収は、権限を有する司法官憲が発する各別の令状により、これを行ふ。

第三十六条　公務員による拷問及び残虐な刑罰は、絶対にこれを禁ずる。

第三十七条　①すべて刑事事件においては、被告人は、公平な裁判所の迅速な公開裁判を受ける権利を有する。

②刑事被告人は、すべての証人に対して審問する機会を充分に与へられ、又、公費で自己のために強制的手続により証人を求める権利を有する。

③刑事被告人は、いかなる場合にも、資格を有する弁護人を依頼することができる。被告人が自らこれを依頼することができないときは、国でこれを附する。

第三十八条　①何人も、自己に不利益な供述を強要されない。

②強制、拷問若しくは脅迫による自白又は不当に長く抑留若しくは拘禁された後の自白は、これを証拠とすることができない。

③何人も、自己に不利益な唯一の証拠が本人の自白である場合には、有罪とされ、又は刑罰を科せられない。

第三十九条　何人も、実行の時に適法であつた行為又は既に無罪とされた行為については、刑事上の責任を問はれない。又、同一の犯罪について、重ねて刑事上の責任を問はれない。

第四十条　何人も、抑留又は拘禁された後、無罪の裁判を受けたときは、法律の定めるところにより、国にその補償を求めることができる。

第四章　国会

第四十一条　国会は、国権の最高機関であつて、国の唯一の立法機関である。

第四十二条　国会は、衆議院及び参議院の両議院でこれを構成する。

第四十三条　①両議院は、全国民を代表する選挙された議員でこれを組織する。

②両議院の議員の定数は、法律でこれを定める。

第四十四条　両議院の議員及びその選挙人の資格は、法律でこれを定める。但し、人種、信条、性別、社会的身分、門地、教育、財産又は収入によつて差別してはならない。

第四十五条　衆議院議員の任期は、四年とする。但し、衆議院解散の場合には、その期間満了前に終了する。

第四十六条　参議院議員の任期は、六年とし、三年ごとに議員の半数を改選する。

第四十七条　選挙区、投票の方法その他両議院の議員の選挙に関する事項は、法律でこれを定める。

第四十八条　何人も、同時に両議院の議員たることはできない。

第四十九条　両議院の議員は、法律の定めるところにより、国庫から相当額の歳費を受ける。

第五十条　両議院の議員は、法律の定める場合を除いては、国会の会期中逮捕されず、会期前に逮捕された議員は、その議院の要求があれば、会期中これを釈放しなければならない。

第五十一条　両議院の議員は、議院で行つた演説、討論又は表決について、院外で責任を問はれない。

第五十二条　国会の常会は、毎年一回これを召集する。

第五十三条　内閣は、国会の臨時会の召集を決定することができる。いづれかの議院の総議員の四分の一以上の要求があれば、内閣は、その召集を決定しなければならない。

第五十四条　①衆議院が解散されたときは、解散の日から四十日以内に、衆議院議員の総選挙を行ひ、その選挙の日から三十日以内に、国会を召集しなければならない。

②衆議院が解散されたときは、参議院は、同時に閉会となる。但し、内閣は、国に緊急の必要があるときは、参議院の緊急集会を求めることができる。

③前項但書の緊急集会において採られた措置は、臨時のものであつて、次の国会開会の後十日以内に、衆議院の同意がない場合には、その効力を失ふ。

第五十五条　両議院は、各々その議員の資格に関する争訟を裁判する。但し、議員の議席を失はせるには、出席議員の三分の二以上の多数による議決を必要とする。

第五十六条　①両議院は、各々その総議員の三分の一以上の出席がなければ、議事を開き議決することができない。

②両議員の議事は、この憲法に特別の定のある場合を除いては、出席議員の過半数でこれを決し、可否同数のときは、議長の決する

日本国憲法

日本国民は、正当に選挙された国会における代表者を通じて行動し、われらとわれらの子孫のために、諸国民との協和による成果と、わが国全土にわたつて自由のもたらす恵沢を確保し、政府の行為によつて再び戦争の惨禍が起ることのないやうにすることを決意し、ここに主権が国民に存することを宣言し、この憲法を確定する。そもそも国政は、国民の厳粛な信託によるものであつて、その権威は国民に由来し、その権力は国民の代表者がこれを行使し、その福利は国民がこれを享受する。これは人類普遍の原理であり、この憲法は、かかる原理に基くものである。われらは、これに反する一切の憲法、法令及び詔勅を排除する。

日本国民は、恒久の平和を念願し、人間相互の関係を支配する崇高な理想を深く自覚するのであつて、平和を愛する諸国民の公正と信義に信頼して、われらの安全と生存を保持しようと決意した。われらは、平和を維持し、専制と隷従、圧迫と偏狭を地上から永遠に除去しようと努めてゐる国際社会において、名誉ある地位を占めたいと思ふ。われらは、全世界の国民が、ひとしく恐怖と欠乏から免かれ、平和のうちに生存する権利を有することを確認する。

われらは、いづれの国家も、自国のことのみに専念して他国を無視してはならないのであつて、政治道徳の法則は、普遍的なものであり、この法則に従ふことは、自国の主権を維持し、他国と対等関係に立たうとする各国の責務であると信ずる。

日本国民は、国家の名誉にかけ、全力をあげてこの崇高な理想と目的を達成することを誓ふ。

第一章　天皇

第一条　天皇は、日本国の象徴であり日本国民統合の象徴であつて、この地位は、主権の存する日本国民の総意に基く。

第二条　皇位は、世襲のものであつて、国会の議決した皇室典範の定めるところにより、これを継承する。

第三条　天皇の国事に関するすべての行為には、内閣の助言と承認を必要とし、内閣が、その責任を負ふ。

第四条　① 天皇は、この憲法の定める国事に関する行為のみを行ひ、国政に関する権能を有しない。

② 天皇は、法律の定めるところにより、その国事に関する行為を委任することができる。

第五条　皇室典範の定めるところにより摂政を置くときは、摂政は、天皇の名でその国事に関する行為を行ふ。この場合には、前条第一項の規定を準用する。

第六条　① 天皇は、国会の指名に基いて、内閣総理大臣を任命する。

② 天皇は、内閣の指名に基いて、最高裁判所の長たる裁判官を任命する。

第七条　天皇は、内閣の助言と承認により、国民のために、左の国事に関する行為を行ふ。

一　憲法改正、法律、政令及び条約を公布すること。

二　国会を召集すること。

三　衆議院を解散すること。

四　国会議員の総選挙の施行を公示すること。

五　国務大臣及び法律の定めるその他の官吏の任免並びに全権委任状及び大使及び公使の信任状を認証すること。

六　大赦、特赦、減刑、刑の執行の免除及び復権を認証すること。

七　栄典を授与すること。

八　批准書及び法律の定めるその他の外交文書を認証すること。

九　外国の大使及び公使を接受すること。

十　儀式を行ふこと。

第八条　皇室に財産を譲り渡し、又は皇室が、財産を譲り受け、若しくは賜与することは、国会の議決に基かなければならない。

第二章　戦争の放棄

第九条　① 日本国民は、正義と秩序を基調とする国際平和を誠実に希求し、国権の発動たる戦争と、武力による威嚇又は武力の行使は、国際紛争を解決する手段としては、永久にこれを放棄する。

② 前項の目的を達するため、陸海空軍その他の戦力は、これを保持しない。国の交戦権は、これを認めない。

第三章　国民の権利及び義務

第十条　日本国民たる要件は、法律でこれを定める。

第十一条　国民は、すべての基本的人権の享有を妨げられない。この憲法が国民に保障する基本的人権は、侵すことのできない永久の権利として、現在及び将来の国民に与へられる。

第十二条　この憲法が国民に保障する自由及び権利は、国民の不断の努力によつて、これを保持しなければならない。又、国民は、これを濫用してはならないのであつて、常に公共の福祉のためにこれを利用する責任を負ふ。

第十三条　すべて国民は、個人として尊重される。生命、自由及び幸福追求に対する国民の権利については、公共の福祉に反しない限り、立法その他の国政の上で、最大の尊重を必要とする。

第十四条　① すべて国民は、法の下に平等であつて、人種、信条、性別、社会的身分又は門地により、政治的、経済的又は社会的関係において、差別されない。

② 華族その他の貴族の制度は、これを認めない。

③ 栄誉、勲章その他の栄典の授与は、いかなる特権も伴はない。栄典の授与は、現にこれを有し、又は将来これを受ける者の一代に限り、その効力を有する。

第十五条　① 公務員を選定し、及びこれを罷免することは、国民固有の権利である。

② すべて公務員は、全体の奉仕者であつて、一部の奉仕者ではない。

③ 公務員の選挙については、成年者による普通選挙を保障する。

④ すべて選挙における投票の秘密は、これを侵してはならない。選挙人は、その選択に関し公的にも私的にも責任を問はれない。

第十六条　何人も、損害の救済、公務員の罷免、法律、命令又は規則の制定、廃止又は改正その他の事項に関し、平穏に請願する権利を有し、何人も、かかる請願をしたためにいかなる差別待遇も受けない。

第十七条　何人も、公務員の不法行為により、損害を受けたときは、法律の定めるところにより、国又は公共団体に、その賠償を求めることができる。

第十八条　何人も、いかなる奴隷的拘束も受けない。又、犯罪に因る処罰の場合を除いては、その意に反する苦役に服させられない。

第十九条　思想及び良心の自由は、これを侵してはならない。

第二十条　① 信教の自由は、何人に対してもこれを保障する。いかなる宗教団体も、国から特権を受け、又は政治上の権力を行使してはならない。

② 何人も、宗教上の行為、祝典、儀式又は行事に参加することを強制されない。

③ 国及びその機関は、宗教教育その他いかなる宗教的活動もしてはならない。

第二十一条　① 集会、結社及び言論、出版その他一切の表現の自由は、これを保障する。

② 検閲は、これをしてはならない。通信の秘密は、これを侵してはならない。

第二十二条　① 何人も、公共の福祉に反しない限り、居住、移転及び職業選択の自由を有

さくいん

人間《にんげん》らしく生《い》きるために　はじめて学《まな》ぶ憲法教室《けんぽうきようしつ》3

菅《すが》間《ま》正道《まさみち》／著
茂手木《もてぎ》千晶《ちあき》／編集協力
どいまき／イラスト
株式会社商業《かぶしきがいしやしようぎよう》デザインセンター 松田《まつだ》珠恵《たまえ》／本文デザイン
2015年 2月 20日　初　版

発 行 者　田所　稔
発 行 所　株式会社 新日本出版社
〒151-0051 東京都渋谷区千駄ヶ谷 4-25-6
電　　話　営業 03（3423）8402　編集 03（3423）9323
振　　替　00130-0-13681
印　　刷　光陽メディア
製　　本　小高製本

NDC323 32P 27×19cm

（落丁・乱丁はおとりかえいたします）

ISBN978-4-406-05881-0　C8332　Printed in Japan

info@shinnihon-net.co.jp ／www.shinnihon-net.co.jp